D0802389

12(2(

La Conversation

Du même auteur

Aux Éditions Gallimard

Du côté de chez Jean, Julliard, 1959, épuisé. Folio, 1978.

Un amour pour rien, Julliard, 1960, épuisé. Folio, 1978.

Au revoir et merci, Julliard, 1966, épuisé. Folio, 1976.

La Gloire de l'Empire, 1971.

Au plaisir de Dieu, 1974.

Le vagabond qui passe sous une ombrelle trouée, 1978.

Dieu, sa vie, son œuvre, 1980.

*Discours de réception à l'Académie française
de Marguerite Yourcenar et réponse de Jean d'Ormesson,*
1981, épuisé.

*Discours de réception à l'Académie française
de Michel Mohrt et réponse de Jean d'Ormesson,* 1987.

Album Chateaubriand, Bibliothèque de la Pléiade,
1988, épuisé.

Garçon de quoi écrire, entretiens avec François **Sureau,** 198

Histoire du Juif errant, 1990.

La Douane de mer, 1993.

Presque rien sur presque tout, 1996.

Casimir mène la grande vie, 1997.

Le Rapport Gabriel, 1999.

C'était bien, 2003.

SUITE EN FIN DE VOLUME

Jean d'Ormesson
de l'Académie française

La Conversation

Éditions Héloïse d'Ormesson

Il a été tiré de l'édition originale de cet ouvrage

quarante-cinq exemplaires

sur vélin pur chiffon des papeteries Arjowiggins

numérotés de 1 à 45.

*Tout arrive par les idées ; elles produisent
les faits, qui ne leur servent que d'enveloppe.*

Chateaubriand

*Mon admiration pour Bonaparte a toujours été
grande et sincère alors même que j'attaquais
Napoléon avec le plus de vivacité.*

Chateaubriand

FRANCHIR LE RUBICON

L'HISTOIRE OFFRE DES MOMENTS
où elle semble hésiter avant de prendre
son élan : Alexandre le Grand à la tête
de ses phalanges à l'instant d'attaquer
l'Empire perse aux ressources inépuisables ;
Hannibal quand il décide de passer
les Alpes avec ses éléphants pour frapper
Rome au cœur ; César – l'exemple
le plus célèbre – sur les bords du Rubicon ;
le général de Gaulle à Bordeaux, à l'aube
du 17 juin 1940, quand il monte dans
l'avion du général Spears qui va l'emmener
vers Londres, vers la rébellion, vers
une résistance qui peut paraître alors
sans espoir – et vers la gloire.

C'est un éclair de cet ordre que j'ai
tenté de saisir : l'instant où Bonaparte,
adulé par les Français qu'il a tirés de l'abîme,
décide de devenir empereur.

Il y a toute une préhistoire qu'il faut
garder présente à l'esprit. En novembre 1799,
Bonaparte a trente ans. Avec la complicité
de Sieyès, après avoir acheté le concours
de Barras et avec l'aide de son frère Lucien,
il a réussi de justesse, à son retour d'Égypte,
le coup d'État du 18 brumaire an VIII :
il met fin à un Directoire discrédité qui a duré
quatre ans. Les cinq directeurs (seuls
les deux premiers comptent) – Barras,
Sieyès, Gohier, Roger Ducos, Moulin –
sont remplacés par une « commission
consulaire » de trois membres – Sieyès,
Ducos, Bonaparte –, bientôt remplacée
elle-même, grâce à une nouvelle Constitution,
par un autre trio : Bonaparte, premier consul ;

Cambacérès, deuxième consul; Lebrun,
troisième consul. Le Premier consul
a tous les pouvoirs. Le deuxième et le troisième
consul n'ont qu'une voix consultative.

La situation du pays est terrifiante.
Le commerce et l'industrie sont ruinés.
La production industrielle est réduite
de 60 % à Paris, de 85 % à Lyon. Les ports
de Marseille et de Bordeaux sont pratiquement
fermés. Le réseau routier est détruit.
Le service des diligences n'est plus assuré.
Un brigandage généralisé s'étend à l'ensemble
du territoire, surtout en Provence et
dans l'Ouest. Les forêts et les cultures sont
dévastées. La monnaie a été dévaluée
de 99 %. Les caisses de l'État sont vides.
La paye des fonctionnaires et de l'armée
accuse un retard de plus d'un an. Les rentes
ne sont plus versées. Il n'y a plus de budget
établi. Un délire de plaisirs a détruit
les mœurs. Durant quatre ans, de l'an VIII

à l'an XII, de la fin de 1799 au début
de 1804, Bonaparte, au prix d'un travail
prodigieux, réforme profondément
la France et la remet sur pied.

En février 1800, trois mois après le coup
d'État, un référendum sur l'organisation
du Consulat donne plus de trois millions
de voix à Bonaparte contre mille cinq cents.
Le Premier consul s'installe aux Tuileries,
puis à Saint-Cloud, fonde la Banque de France,
clôt la liste des émigrés et décrète l'amnistie,
promulgue le Concordat, organise
l'instruction publique, crée le système
des lycées, crée la Légion d'honneur,
crée le franc germinal à sa propre effigie.
Il franchit surtout le Grand-Saint-Bernard,
remporte sur les Autrichiens la victoire
de Marengo et signe en 1802 le traité d'Amiens
avec l'Angleterre, l'Espagne et la Hollande.
Cette même année 1802, Bonaparte, qui a
déjà obtenu d'être réélu pour dix ans, se fait

nommer Premier consul à vie et établit
une nouvelle Constitution approuvée
à son tour par une majorité massive
et qui renforce encore ses pouvoirs.

Quand l'idée de devenir empereur
et de fonder, après les Mérovingiens,
les Carolingiens, les Capétiens, les Valois
et les Bourbons, une dynastie nouvelle
se glisse-t-elle dans l'esprit de Bonaparte ?
C'est difficile à dire. Dans les premiers mois
de 1304, avec l'exécution du chef chouan
Cadoudal et le suicide de Pichegru,
et surtout avec l'enlèvement sur le territoire
allemand et l'exécution du duc d'Enghien,
le dernier des Condé, Bonaparte donnera
assez de gages à la Révolution – qu'il achève
dans tous les sens du mot – pour pouvoir
aspirer ouvertement à monter sur le trône
impérial. J'ai situé un peu plus tôt, au cours
de l'hiver 1803-1804, une conversation
imaginaire et décisive avec Cambacérès.

Conversation imaginaire – mais où
tous les mots prêtés au Premier consul ont été
prononcés par lui dans une circonstance
ou une autre. Je ne me serais pas aventuré
à inventer des formules qui auraient pu
paraître ridicules ou exagérées. Tout ce que dit
Bonaparte – et même l'histoire un peu
embrouillée du châle de Joséphine tant
convoité par sa belle-sœur, Caroline Murat –
figure dans des documents de l'époque :
récits, rapports, Mémoires...

Conversation avec Jean-Jacques Régis
de Cambacérès. Je me suis senti plus libre
avec le futur duc de Parme qu'avec
le Premier consul. Ses propos sont moins
forts que ceux de Bonaparte. Pour deux raisons :
d'abord, parce que Cambacérès est moins
fort que Bonaparte ; ensuite, parce que,
à la différence du Premier consul, les tirades
de Cambacérès sont pour la plupart de
mon propre cru.

Né à Montpellier, conseiller
à la cour des comptes de cette ville,
président du tribunal criminel de l'Hérault,
Cambacérès est d'une quinzaine d'années
plus âgé que Bonaparte. Au début de 1804,
Bonaparte a trente-quatre ans, et Cambacérès,
cinquante. Élu député à la Convention
nationale, il vote « avec réserve » la mort
du roi. Ministre de la Justice sous le
Directoire, il devient deuxième consul
sur la recommandation de Sieyès
et de Bonaparte. Face à Lebrun, troisième
consul plutôt terne, il incarne aux yeux
du pays la tradition de la Révolution.
Il joue un rôle essentiel dans la rédaction
du Code civil. Président du Sénat et du Conseil
d'État en l'absence de Bonaparte, il sera
archichancelier d'Empire et duc de Parme.
Il se ralliera successivement aux Bourbons
en 1814, puis de nouveau à Napoléon
pendant les Cent-Jours.

Il sera exilé en 1815 et, rentré en France,
mourra à Paris en 1824.

Pourquoi avoir choisi Cambacérès
pour donner la réplique à Bonaparte ?
Pour plusieurs raisons. D'abord, Bonaparte
est le premier consul et Cambacérès,
le deuxième. Ils sont l'un et l'autre,
à des hauteurs évidemment très différentes,
les deux principaux personnages du régime
consulaire. Ensuite Cambacérès est
très intelligent, plutôt loyal, très souple
— peut-être trop souple —, très habile
— peut-être trop habile. Républicain
et régicide, Cambacérès est aussi un
des meilleurs représentants de cet esprit
révolutionnaire que l'ascension
de Bonaparte et son accession au trône
impérial risquent de mettre à mal
et qu'il s'agit d'apprivoiser : il est tout
naturel que le Premier consul essaye

de le circonvenir. Enfin Bonaparte
est surtout entouré de généraux
qu'il a côtoyés sur les champs de bataille,
qui lui sont aveuglément fidèles,
qu'il appelle parfois ses « sabreurs »
et qui sont, sinon à la limite du langage
articulé, du moins plus malhabiles
que Bonaparte et que Cambacérès
dans l'emploi des idées et des mots.
Le régicide futur duc de Parme est
à peu près le seul civil à être intime
avec le vainqueur de Marengo,
futur vainqueur d'Austerlitz, et, avec
Talleyrand, bien sûr – mais Talleyrand
travaille plutôt pour lui-même –,
le seul dans l'entourage immédiat
du grand homme à savoir manier
des concepts.

Dernière question. Pourquoi Bonaparte ?
La réponse est assez simple. Parce qu'il a

du génie. Parce qu'il est le successeur
d'Achille, de César, d'Alexandre le Grand.
Parce qu'il change le cours de l'histoire
et qu'il prépare le monde où nous vivons.
Un échec, mais éblouissant. Une traînée
de poudre sur l'Europe. Et surtout
parce qu'il incarne la plus extraordinaire
aventure historique et romanesque
de tous les temps. La plupart des souverains
qui ont marqué leur époque sont des héritiers :
ils montent sur le trône pour accomplir
leurs exploits quand la mort en fait descendre
leur père, leur frère ou leur oncle. Napoléon
n'est le fils que de ses propres œuvres.
Il s'engendre lui-même. Il est un mythe
vivant, une légende qui se crée, un dieu
en train de surgir. Il est cette chose si rare
à la source de toute grandeur dans la
politique, dans l'art, dans la littérature,
dans la science : une ambition au moment
même où elle se change en histoire,

un rêve sur le point de devenir réalité.
C'est cette rencontre entre le rêve
et la réalité que j'ai tenté de décrire.
Comme on décrirait la naissance de l'*Iliade*,
de ce qui deviendra plus tard l'Empire
romain, du *Moïse* de Michel-Ange
ou de la théorie de la gravitation.

Il n'est pas impossible, il est même assez
vraisemblable que les choses se soient passées
comme le racontent les pages que vous allez
maintenant parcourir. Les trois coups sont
frappés. Le rideau se lève.

LA CONVERSATION

L'action se situe aux Tuileries
où Bonaparte s'est installé
au lendemain du 18 Brumaire.
Vers le début de l'hiver 1803-1804,
le Premier consul y reçoit
Cambacérès, deuxième consul.

CAMBACÉRÈS

Eh bien, voilà, citoyen premier
consul. Nous en avons terminé.
Avec votre permission, je vais me retirer.
Je soupe ce soir avec Talleyrand.

BONAPARTE

Chez lui, rue du Bac ? À l'hôtel Galliffet ?

CAMBACÉRÈS

Non. Chez moi. À l'hôtel d'Elbeuf.

BONAPARTE

Vous y êtes bien, à l'hôtel d'Elbeuf ?
Je me suis laissé dire que l'hôtel

du deuxième consul est moins vaste
que l'hôtel Noailles où est installé
le troisième consul.

CAMBACÉRÈS
Vous êtes fort bien renseigné.
Mais l'hôtel Noailles où réside Lebrun
est situé rue Saint-Honoré. Et moi,
à l'hôtel d'Elbeuf, je donne sur
le Carrousel, ou presque, à deux pas
de vos Tuileries. Il y a toujours
avantage pour les saints à se tenir
le plus près possible de leur dieu.

BONAPARTE
Il paraît que vous êtes un saint
très gourmand et qu'on mange
fort bien chez vous.

CAMBACÉRÈS
J'espère que ce n'est pas un reproche ?

BONAPARTE

C'est une constatation.

CAMBACÉRÈS

Tant mieux. Me voilà rassuré.

BONAPARTE

La gourmandise n'est pas
votre seul défaut. Mais c'est celui
dont il est permis de parler avec
le plus de facilité.

CAMBACÉRÈS

Mon Dieu!... Que vous êtes brusque!
Comment voulez-vous vous faire
des amis si vous ne leur offrez pas
ce qu'il y a de meilleur? C'est aussi
par la table qu'on agit sur les hommes,
et la bonne politique, après tout,
se confond peut-être en partie avec
la bonne cuisine.

BONAPARTE

Pour vous, peut-être. On m'assure
que les valises diplomatiques
ne vous font pas seulement parvenir
des dépêches, mais aussi des victuailles
qui vous arrivent d'un peu partout
– et souvent de pays ennemis.

CAMBACÉRÈS

Ah ! décidément, rien n'échappe
aux séides que Fouché a semés
autour de lui...

BONAPARTE

Je n'ai pas besoin de Fouché
pour être au courant de tout
ce qui se passe à Paris et en France.
Et même de vos perdreaux
qui sont rôtis d'un côté et grillés
de l'autre.

CAMBACÉRÈS

Que voulez-vous ? Vous êtes le Premier
consul. Je ne suis que le deuxième.
À chacun ses grandeurs. Vous remportez
des victoires et je sers des repas.
Un souper réussi, c'est mon Marengo
à moi.

BONAPARTE

Vous savez l'histoire qui court à Paris ?
« Si vous voulez dîner mal, il faut dîner
chez Lebrun. Si vous voulez dîner bien,
il faut dîner chez Cambacérès...

CAMBACÉRÈS

... et si vous voulez dîner vite, il faut dîner
chez Bonaparte ! » Je connais le dicton.

BONAPARTE

Oui, c'est vrai. J'aime la vitesse.
À la guerre, où je gagne les batailles

grâce aux jambes de mes soldats,
en politique, où il faut toujours précéder
l'événement, dans la conversation,
où je vais droit au but. Et à table,
où je mange peu. Mon déjeuner
m'est servi à neuf heures et demie
sur un petit guéridon d'acajou
à un pied, incrusté de nacre et couvert
d'une serviette : il me rappelle
le tambour dont je me sers à la guerre.
Mon ordinaire se compose de peu
de chose : deux œufs sur le plat,
une salade de haricots, deux ou
trois olives, un doigt de parmesan
arrosé de chambertin. Je me nourris
avec rapidité. Quand je suis seul,
mon repas ne dure que quelques minutes.
J'ai autre chose à faire. Je n'aime pas
traîner.

CAMBACÉRÈS

Et vous n'avez pas traîné.
Sous-lieutenant à seize ans, lieutenant
à vingt-deux...

BONAPARTE

Six ans pour passer de sous-lieutenant
à lieutenant ! Et mes adversaires
prétendent que je suis pressé !
Sans Robespierre et la Convention
nationale, sans vous, Cambacérès,
et sans les vôtres, je serais encore
colonel dans un obscur régiment.
C'est dans cette impatience que tout
s'est peut-être joué...

CAMBACÉRÈS

Vous vous êtes rattrapé : capitaine
à vingt-trois ans, commandant
à vingt-quatre, général à vingt-cinq.
Et premier consul de la République

à trente ans ! Le soleil chaque matin
s'élève moins vite que vous. On dirait
que le temps vous manque.

CAMBACÉRÈS

Il ne cesse de me manquer.
Ah ! Cambacérès, où en serons-nous
dans deux ans, dans dix ans,
dans douze ans ?

CAMBACÉRÈS

Vous êtes jeune, je suis presque vieux.
J'ai un an de plus que Talleyrand,
six de plus que Fouché, seize de plus
que vous. Je viens d'avoir cinquante ans.
Comme beaucoup autour de vous,
comme Junot, comme Duroc,
comme Lannes qui se feraient tuer
pour vous, j'ai pourtant beaucoup plus
que du respect pour votre personne
et plus que de l'admiration pour le génie

qui vous habite : quelque chose
peut-être qui ressemble à de l'amour.

BONAPARTE
De l'amour ?

CAMBACÉRÈS
Ou au moins de la vénération.
Je suis votre second consul.
Et je n'ai plus d'autre but dans
ce qui me reste de vie que
de vous seconder.
(*Il se lève.*)
J'ai trop parlé. Je m'en vais.
J'ai bien l'honneur de vous saluer.

BONAPARTE
Demeurez encore un instant, citoyen
deuxième consul. Je ne serais pas fâché
de causer un peu librement avec vous
– et pas seulement de foie gras,

de mauviettes de Pithiviers
ou de pâté de Toulouse.

CAMBACÉRÈS
Très volontiers. J'ai tout le temps.
De quoi s'agit-il ?

BONAPARTE
Je voudrais prendre votre avis,
mon cher collègue, sur ma position
actuelle.

CAMBACÉRÈS
Franchement, citoyen premier consul,
vous n'avez pas de souci à vous faire.
Fouché, qui ne sait pas seulement
tout sur moi mais qui connaît bien
nos concitoyens à force de les surveiller,
a dû vous le dire avant que vous
ne vous débarrassiez de lui : la gloire
des guerres d'Italie ou d'Égypte

les transporte, la paix d'Amiens
les rassure. Pour la première fois
depuis longtemps, un peu de bonheur
et d'espérance remplace chez
les Français l'angoisse du lendemain.
Et l'étranger s'incline devant vous
– et vous craint.

BONAPARTE
Oui, oui, je sais. Les Français
aiment le panache et ils ont retrouvé
un peu de leur gaieté et de leur
inscuciance. Ils me témoignent
leur attachement. Et les étrangers
me traitent bien. Mais comme
rien, dans notre gouvernement,
ne leur paraît stable et solide,
ni les uns ni les autres ne savent
très bien où ils en sont. Et
voulez-vous que je vous dise ?
Moi non plus.

CAMBACÉRÈS
Je ne suis pas habitué à vous voir
incertain.

BONAPARTE
Ce sont surtout les gouvernements
autour de nous qui se trouvent incertains :
ils hésitent à s'unir plus intimement
avec moi. Je sens leurs réticences.
Ils se demandent sur quel pied danser
avec notre drôle de régime.

CAMBACÉRÈS
Vraiment ?

BONAPARTE
Vraiment. C'est l'ambiguïté de notre
Consulat qui leur donne à penser.

CAMBACÉRÈS
Ils sont bien forcés de constater

que l'ordre et la sécurité règnent
enfin dans notre pays. Quel contraste
avec la situation il y a quatre ans,
à la veille de Brumaire !...

BONAPARTE
C'était l'anarchie. Vingt mille criminels
mettaient Paris à feu et à sang.
Quarante mille chouans tenaient
la campagne dans l'Ouest et interceptaient
les communications entre Paris
et la mer.

CAMBACÉRÈS
L'amiral Bruix me disait à l'époque
avoir mis un mois pour se rendre à Brest
prendre son commandement.

BONAPARTE
Dans trente départements, la chouannerie
n'était qu'un prétexte au brigandage.

La rive droite de la Garonne, la Provence,
le Languedoc, toute la vallée du Rhône
étaient livrés aux bandes. Les diligences
étaient attaquées, les courriers détroussés,
les maisons pillées. Les chauffeurs
rôtissaient les pieds des paysans
pour leur faire avouer où était caché
leur magot.

CAMBACÉRÈS
J'ai connu plusieurs commerçants
et même deux représentants
en mission qui, pour voyager
en sécurité de Paris à Marseille
ou à Aix-en-Provence, avaient acheté
des passeports aux chefs de bandes.
Et personne ne se déplaçait sans
une solide escorte.

BONAPARTE
Les routes étaient impraticables,

les bâtiments publics délabrés.
Marseille faisait en un an
les affaires de six mois d'autrefois,
son vieux port était une infection.
À Lyon, il y avait mille cinq cents canuts
au lieu de huit mille. À Paris, les ateliers
faisaient travailler le huitième
des ouvriers de 1789. C'est une affaire
entendue : le présent, grâce à moi,
vaut mieux que le passé. Mais l'avenir
me préoccupe.

CAMBACÉRÈS
Vous êtes garant de l'avenir parce que
vous avez liquidé le passé.

BONAPARTE
Ne vous y trompez pas : je suis
solidaire de tout le passé de la France,
de Clovis à cette Convention nationale
à laquelle vous avez appartenu,

mon cher Cambacérès, et que j'ai
sauvée à plusieurs reprises du désastre
et de la menace étrangère.
Ce que j'ai combattu et brisé, c'est
la violence, la haine, les excès
des uns et des autres, les divisions,
les factions. Plus de factions,
je n'en veux plus.

CAMBACÉRÈS
Vous avez affiché la couleur,
dès le lendemain du 18 Brumaire,
à votre arrivée dans ces Tuileries
où nous nous entretenons aujourd'hui.
Vous avez installé votre femme
dans la chambre de Marie-Antoinette
et vous avez gardé pour vous la chambre
de Louis XVI. Je crois d'ailleurs
que vous avez trouvé l'endroit
un peu triste…

BONAPARTE

Oui. Triste comme la grandeur.

CAMBACÉRÈS

Et puis vous avez aperçu sur les murs
la floraison des graffiti révolutionnaires,
l'avalanche des décorations où
dominait le bonnet rouge, et vous avez
ordonné : « Gommez-moi toutes
ces saloperies ! »

BONAPARTE

Ni talon rouge ni bonnet rouge !
Je ne veux en France ni jacobins
ni royalistes. Je ne connais plus de partis,
je ne vois en France que des Français.
Je ne suis d'aucune coterie. Je suis
de la grande coterie du peuple français.
Et je ne laisse rien au hasard :
ni les grandes affaires ni les détails
les plus infimes. Je prends la place

des Bourbons, j'incarne le peuple
souverain, je restaure l'ordre
des choses. Je ne le restaure pas
pour les autres : je le restaure pour moi.
Vous souvenez-vous, Cambacérès,
de la Constitution que Sieyès voulait
nous refiler après le 18 Brumaire ?

Cambacérès

Je m'en souviens fort bien.
Au sommet de l'État, un Grand Électeur,
roi sans royauté, installé à Versailles,
qui aurait choisi deux consuls :
l'un pour l'extérieur, l'armée, la marine,
les colonies, la guerre ; l'autre pour
l'intérieur, la police, la justice,
les finances. Au-dessous, les ministres,
procurateurs du service public.
À côté, un Collège des conservateurs
aurait désigné sur des listes nationales
un tribunat, chargé de discuter

des lois, et un corps législatif qui
les aurait votées.

BONAPARTE
Peut-être vous souvenez-vous
aussi que vous étiez plutôt favorable
à ces niaiseries métaphysiques ?

CAMBACÉRÈS
Oh ! favorable... favorable...
C'est vite dit. Je n'ai pas tardé
à abandonner l'esprit d'assemblée
pour l'esprit de gouvernement
et à vous préférer aux rêveries
métaphysiques.

BONAPARTE
Moi, plutôt que de les voir
appliquées dans la réalité, j'aurais
préféré avoir du sang jusqu'aux
genoux. Quand Sieyès m'a proposé

de m'établir à Versailles avec le titre
ridicule de Grand Électeur, c'est-à-dire
de roi fainéant, je lui ai répondu :
« Comment avez-vous pu, citoyen
Sieyès, croire qu'un homme d'honneur
consentirait à n'être qu'un cochon
à l'engrais dans le château
de Versailles ? »

CAMBACÉRÈS
Vous avez bousculé tout le monde,
vous vous êtes débarrassé de Sieyès
et de Barras qui paraissaient
tout-puissants et vous m'avez
recruté, moi, qui me suis donné
à vous.

BONAPARTE
Je vous aime bien, Cambacérès.
C'est pour cette raison que vous êtes
second consul. Vous êtes savant,

souple et prudent. Trop souple,
peut-être, et trop prudent. Mais,
surtout, vous êtes un excellent
administrateur. Les militaires sont
bons pour sabrer. Ce sont
les administrateurs qui décident
du succès des entreprises.

CAMBACÉRÈS
Je vous dois tout. Je vous sers
avec exactitude et avec fidélité.

BONAPARTE
Vous ne m'avez jamais manqué.
Je vais être aussi loyal avec vous
que vous l'êtes avec moi et vous parler
à cœur ouvert. En plus de votre
gourmandise, vous avez un petit défaut
qui aurait pu vous coûter cher
avec tout autre que moi.

CAMBACÉRÈS
Un petit défaut ?...

BONAPARTE
Ne faites pas la bête, Cambacérès.
Non seulement vous n'êtes pas marié...

CAMBACÉRÈS
Souhaiteriez-vous que je le fusse ?

BONAPARTE
Si c'est pour épouser une petite oie
comme cet imbécile de Talleyrand,
sûrement non. Mais regardons
les choses en face : vous n'aimez pas
les femmes. L'autre jour encore,
quand vous êtes arrivé bien
après l'heure au Conseil d'État
où je vous attendais et que vous avez
invoqué pour excuse une dame
qui vous aurait retardé, je vous ai mis

en garde : « La prochaine fois,
vous direz à cette dame de prendre
sa canne et son chapeau et de foutre
le camp. »

CAMBACÉRÈS
Aucun scandale n'a jamais entaché
ma vie privée, citoyen premier consul,
l'ordre public n'a jamais été troublé,
je n'ai jamais nui à ma dignité ni surtout
à la vôtre.

BONAPARTE
C'est la moindre des choses.
Et vous êtes très habile. Votre prudence
n'empêche tout de même pas
Talleyrand de ramasser les trois
consuls dans une formule
de son cru dont tout Paris s'amuse :
« *Hic, Haec, Hoc.* »

CAMBACÉRÈS

Hic, Haec, Hoc ? M. de Talleyrand
se souviendrait-il encore de son latin
d'Église ?

BONAPARTE

Hic, celui-ci, le démonstratif masculin
avec une nuance emphatique,
c'est moi. *Haec,* celle-là, le démonstratif
féminin, vaguement péjoratif, c'est vous.
Hoc, cette chose-là, le démonstratif
neutre, tout à fait insultant, c'est ce pauvre
Lebrun. Je vous le dis avec amitié :
ne soyez pas trop *Haec,* Cambacérès.

CAMBACÉRÈS

Général, je vais vous parler avec la même
franchise dont vous usez à mon égard.
Quand j'étais jeune, j'allais voir
les filles comme tout le monde.
Mais je n'y prenais pas grand plaisir,

je ne restais pas longtemps.
Dès mon affaire finie, je leur lançais :
« Adieu, messieurs ! » et je m'en allais.

BONAPARTE

Les femmes, mon cher ami, j'ai
beaucoup de motifs de me méfier d'elles
autant que vous-même. Et ce n'est pas
Mme de Staël ni Mme Récamier
qui me feront changer d'avis.
Mais je voudrais vous éviter d'être
traité de Tante Turlurette par les gamins
des rues.

CAMBACÉRÈS

Tante Turlurette ! Voyez-vous ça ?

BONAPARTE

Ah ! que voulez-vous ? Vous prenez
le risque. C'est d'autant plus fâcheux
que dans bien des domaines,

le Concordat, le Code civil, la Légion
d'honneur, vous m'avez été
très utile.

CAMBACÉRÈS
Si je vous ai bien servi, j'ai rempli
mon destin.

BONAPARTE
Il ne restait plus rien debout après
vingt ans de médiocrité et dix ans
de désordre. Je voulais faire de grandes
choses, et qui durent. Je rêvais
d'une chevalerie républicaine pour
récompenser le mérite méprisé
par nos rois, traîné dans le sang par
les jacobins : j'ai créé la Légion
d'honneur. Je réclamais un recueil
de lois digne de Moïse, de Solon,
de Justinien : j'ai imposé le Code civil,
rédigé, grâce à vous, dans un style

capable de faire pâlir d'envie
les poètes et les romanciers...

CAMBACÉRÈS
Ah ! je vous vois encore dans ces
débats interminables – et qui vous
impatientaient ! – sur le mariage,
sur le divorce, sur les successions,
sur les enfants naturels, sur la peine
capitale... Vous, vous vouliez
toujours aller plus vite ; moi, j'étais
toujours soucieux de trouver, pour
répondre à vos vœux, la formulation
la plus simple, la plus brève,
la plus claire : « Tout condamné
à mort aura la tête tranchée... »

BONAPARTE
C'est dans la préparation
du Concordat que vous avez été
le meilleur. Le rôle de l'Église

dans l'État a été une grande affaire.
Vous le savez bien, Cambacérès :
la religion n'est pas pour moi
le mystère de l'Incarnation, c'est
le moyen de l'ordre social. Nulle
société ne peut exister sans morale.
Il n'y a pas de bonne morale
sans religion. Il n'y a donc que
la religion qui donne à l'État un
appui ferme et durable. Une société
sans religion est comme un vaisseau
sans boussole. J'ai été mahométan
en Égypte, j'aurais été bouddhiste
en Inde. Je suis catholique ici
pour le bien du peuple parce que
la majorité est catholique. Je ne crois pas
aux billevesées de la métaphysique.
Je me moque de la prêtraille,
des derviches, des fakirs. Sauf
Talleyrand, qui est à part et qui a
de l'avenir dans l'esprit, je n'ai jamais

employé d'évêques dans mes
gouvernements. Les prêtres
sont bavards comme les femmes :
un secret d'État n'est pas en sûreté
sous leur robe. Mais la religion
est aussi nécessaire à l'État
que la police ou l'armée. Les cloches
et les canons sont les deux grandes
voix des hommes : elles luttent
avec le tonnerre, cette grande voix
de la nature. J'ai fait parler le canon
en Égypte et en Italie, je regrettais
le silence des cloches dans nos
campagnes. J'ai signé le Concordat.
J'ai rouvert les églises.

CAMBACÉRÈS
Ce qui m'a causé le plus de soucis,
c'est la grande croix cérémonielle
dont le nonce du pape, le cardinal
Caprara, ne se sépare jamais.

Un cardinal et sa croix dans les rues
de Paris en l'an IX de la République !
Il a fallu les cacher l'un et l'autre
au fond d'un carrosse.

BONAPARTE
Mon cher Cambacérès, je pourrais
dire de vous ce que Voltaire
et Robespierre disaient de l'Être
suprême : si vous n'existiez pas,
il faudrait vous inventer. Le *Te Deum*
à Notre-Dame, le jour de Pâques,
n'était pas gagné d'avance.
Les jacobins étaient furieux.
Et l'armée hésitait.

CAMBACÉRÈS
Je crois bien ! Le général Delmas
m'a dit : « C'est une belle capucinade.
Il n'y manque que le million d'hommes

qui se sont fait tuer pour détruire
ce que vous rétablissez. »

BONAPARTE
Notre-Dame était fermée depuis dix ans.
Mes colonels républicains, mes capitaines
jacobins, mes lieutenants de vingt ans
n'avaient jamais assisté à une messe.
Il n'y avait que Talleyrand, l'évêque
d'Autun rendu par Pie VII à la vie civile,
et Fouché, le séminariste régicide
passé à la Police, pour pouvoir
se souvenir encore de quoi il s'agissait.
Il fallait les voir, l'un et l'autre !
Pas un cil qui bougeait. Il est vrai
que le visage de Talleyrand est
tellement impassible qu'on ne sait
jamais rien y lire. Si on lui donnait
un coup de pied au cul, sa figure
ne vous en dirait rien.

CAMBACÉRÈS
Vous avez réorganisé les catholiques
de France sous l'obéissance républicaine.

BONAPARTE
J'ai aussi défendu les droits
des protestants et des juifs.
J'ai surtout rendu aux Français
une Église destinée à me servir.
J'ai nommé les évêques avec l'idée
en tête qu'ils allaient m'obéir
et qu'ils se sentiraient honorés
de dîner chez le préfet. Les prêtres
étaient les ministres du culte, ils sont
devenus mes ministres. Le peuple
a suivi : mieux valait le dimanche
un jour sur sept que le décadi
un jour sur dix.

CAMBACÉRÈS
Vous avez été aidé par Chateaubriand

et son *Génie du christianisme* qui est
tombé à pic : il a paru la veille
même du *Te Deum* à Notre-Dame.

BONAPARTE
J'ai récompensé Chateaubriand.
Je l'ai envoyé à Rome auprès
de mon oncle Fesch. D'après Fontanes
qui est son ami et qui couche avec
ma sœur Élisa pendant que je couche
avec la France, ils s'entendent assez mal.
Chateaubriand a du talent, mais il est
insupportable.

CAMBACÉRÈS
Il est le type même du royaliste rallié
à votre personne. Il vous a dédié *Génie
du christianisme*.

BONAPARTE
Les gens de lettres qui ont réussi

se croient le centre du monde.
Mon embarras avec M. de Chateaubriand
n'est pas de l'acheter, mais de le payer
ce qu'il s'estime. Il s'est offert vingt fois
à moi ; mais comme c'est toujours
pour me faire plier à son imagination,
qui le conduit à faux, et non pour
m'obéir, je finirai par me refuser
à ses services, c'est-à-dire à le servir.
Je le déplore. Chateaubriand est,
avec Talleyrand, la plus forte tête
de notre époque. Je regrette, surtout
pour lui, qu'il n'ait pas davantage
le sens de ses intérêts.

CAMBACÉRÈS
Il y a aussi Mme de Staël. Elle est
intelligente, mais intrigante et dangereuse.
Et un peu trop virile. Talleyrand prétend
drôlement que dans son dernier roman,
Delphine, ils figurent tous les deux,

elle et lui, déguisés en femmes. Il y a aussi
Benjamin Constant : c'est un homme
à femmes et l'amant velléitaire
et toujours incertain de Mme de Staël.
En politique comme en amour,
on ne sait jamais de quel côté il va
pencher...

BONAPARTE
Ne me parlez pas de ces deux-là !
Ce sont des folliculaires. Ils me feraient
prendre en guignon tout le genre
humain. J'admire Corneille. Ils sont
bien loin de lui. Mme de Staël,
surtout, la fille de l'incapable Necker,
est un oiseau de mauvais augure.
Elle a toujours été le signal de quelque
trouble. Mon intention est
qu'elle ne reste pas en France.

CAMBACÉRÈS

Citoyen premier consul, vous avez
des adversaires. Et pas seulement
chez les écrivains. Les plus à redouter
ne sont ni les royalistes ni les jacobins.
C'est autour de vous, dans l'armée,
peut-être dans votre propre famille,
que se trament de sombres desseins.
Le jour où vous avez créé la Légion
d'honneur, le général Moreau a décerné
une casserole d'honneur à son cuisinier.
Le général Bernadotte travaille beaucoup
– mais pas pour vous. Votre frère Lucien
lui-même...

BONAPARTE

Je sais très bien que Lucien conspire.
Pourquoi croyez-vous que je l'ai nommé
ambassadeur en Espagne ?

CAMBACÉRÈS
Pour lui retirer le ministère
de l'Intérieur et pour l'éloigner
de Paris. Et vous avez bien fait.

BONAPARTE
Lucien est un ambitieux qui se croit
quelque chose par lui-même.
Il éprouve une fureur à se mêler
de politique. Il fait le tartufe républicain
et il affecte un patriotisme dont
il se moque en réalité. Joseph, mon frère
aîné, n'a pas beaucoup d'ambition
– ni d'ailleurs d'esprit. Mais Lucien,
lui, se verrait assez bien au pouvoir
avec Moreau et Carnot, tous trois consuls
égaux et présidents à tour de rôle.
À tour de rôle !... Imaginez-vous pareille
sottise ? Il m'a aidé le 18 Brumaire.
Mais il n'a jamais cessé de conspirer
avec une maladresse qui nuit

d'abord à moi mais aussi à lui-même.
Et s'il ne faisait que conspirer !
Voilà qu'il veut se marier !

CAMBACÉRÈS
Se marier ! Je croyais qu'il l'était déjà ?...

BONAPARTE
Il l'était. Il avait épousé la fille
d'un aubergiste de Saint-Maximin,
en Provence. Elle est morte : c'est
une bonne chose. Alors, il a couru
après Juliette Récamier qui ne voulait pas
de lui et il lui a envoyé des lettres
ridicules qui commençaient par :
« Roméo vous écrit, Juliette... »

CAMBACÉRÈS
Ah ! toujours Fouché, j'imagine...

BONAPARTE

Oui, bien sûr : Fouché. Grâce à Fouché,
même s'il n'est plus ministre – mais
je le reprendrai peut-être –, j'ai une police
qui fonctionne. Et puis, j'apprends
par Pauline que Lucien s'est entiché
de la veuve, plutôt légère, d'une espèce
d'agent de change : Mme Jouberthon.
Je me suis opposé en vain à une passion
dont je ne voulais pas. Vous savez
ce qu'il m'a dit ?

CAMBACÉRÈS

Non. Mes liens avec Fouché
sont moins étroits qu'avec vous
et qu'entre vous et Fouché.

BONAPARTE

Il m'a dit : « La mienne, au moins,
est jolie. »

CAMBACÉRÈS

Ce n'est pas seulement injuste :
c'est malhabile. Qu'il ne l'épouse pas,
en tout cas ! Qu'il l'entretienne,
puisqu'elle y semble accoutumée
et que c'est sa fantaisie.

BONAPARTE

Rien à faire : il l'épouse. Il est aussi
imbécile dans sa vie privée que
dans sa vie publique. Ah ! mon cher
collègue : les Français s'imaginent
que je roule dans ma tête de grandes
pensées de pouvoir et de guerre.
Je passe mon temps à m'occuper
d'affaires de cœur.

CAMBACÉRÈS

Je ne vous crois pas.

BONAPARTE

Vous avez tort. Mon plus jeune frère,
Jérôme, a dix-neuf ans. Il vient
de profiter d'un voyage aux États-Unis
pour épouser une Américaine...

CAMBACÉRÈS

Une Américaine ?...

BONAPARTE

Oui, une Américaine ! La fille
d'un négociant de Baltimore :
Elizabeth Patterson. Je suis
le beau-frère de Mme Jouberthon
et d'Elizabeth Patterson.

CAMBACÉRÈS

Vous êtes le vainqueur de Rivoli
et de Marengo, vous avez conquis
Venise et l'Égypte, vous avez
imposé la paix aux Anglais, vous êtes

Premier consul et président
de la République italienne...

BONAPARTE

J'ai surtout des frères et des sœurs.
Et ils s'acharnent à m'empoisonner
la vie et à déshonorer ce que je prends
tant de peine à élever. Il n'y a que
ma belle et chère Pauline pour me donner
quelques satisfactions.

CAMBACÉRÈS

Bon, c'est déjà quelque chose...

BONAPARTE

Enfin... Après la mort de mon pauvre
Leclerc qui s'était emparé d'elle
à la hussarde avant d'être emporté
par la fièvre jaune à Saint-Domingue,
elle s'est consolée successivement
avec ce voyou de Sarlovèze

qui me déteste et dont je me suis
débarrassé, puis avec Eugène
de Beauharnais, le fils de ma Joséphine.
Heureusement, elle vient d'épouser
le prince Camille Aldobrandini Borghèse,
petit-neveu de deux papes, autrement
riche et brillant que ce malheureux
Bacciochi, mari de ma sœur Élisa.

CAMBACÉRÈS
Je vous félicite, citoyen premier consul.

BONAPARTE
Mais, du coup, Élisa est folle de rage
et de jalousie. Et ce n'est pas sa liaison
avec Fontanes qui va suffire à l'apaiser.
Ah ! la famille, mon pauvre Cambacérès...
La mienne fait des mariages honteux
– et elle rêve de fortune et de gloire.
Elle me doit tout, mais elle veut
tout : le pouvoir, l'argent, des titres,

des distinctions... Il m'arrive de me
demander si nous ne sommes pas
en train de nous partager l'héritage
de mon défunt père. Alors que tout
ne leur vient que de moi qui m'épuise
à contrarier leurs folies et leurs bassesses.

CAMBACÉRÈS
Reposez-vous sur vos amis – et d'abord
sur moi qui ne songe qu'à votre grandeur.
Et sur Joséphine.

BONAPARTE
Joséphine !... Je l'ai beaucoup aimée.
Maintenant, elle me pose des problèmes.
Des problèmes graves : elle ne me donne
pas d'héritier. Et des problèmes futiles
qui m'accablent à longueur de journée.
Vous connaissez l'affaire du châle ?

CAMBACÉRÈS

Le châle ? Quel châle ?

BONAPARTE

Eh bien, il y a quinze jours, déboule
chez ma sœur Caroline un marchand
arménien avec un châle du Cachemire
bariolé de rouge et d'or, chargé
de bouquets énormes, d'un goût
affreux, mais étrange, mais extraordinaire
et par conséquent d'un prix fou.

CAMBACÉRÈS

Je me demande quelle somme représente
un prix fou pour Mme Murat ?

BONAPARTE

Quinze mille francs.

CAMBACÉRÈS

Ah ! bien sûr, ce n'est pas donné...

BONAPARTE

C'est ce que pense Caroline. Elle dit
à l'Arménien : « C'est trop cher,
je n'en veux pas. » Et elle ajoute aussitôt :
« Mon Dieu ! qu'il est beau… J'en donne
dix mille. » L'Arménien lui répond :
« Quinze mille, pas un sou de moins. »
Caroline lui jette : « Sortez ! Vous perdez
la tête… »

CAMBACÉRÈS

C'est tout à son honneur…

BONAPARTE

Attendez ! Qui avait perdu la tête ?
Le marchand arménien ? Non,
mais Caroline. Elle ne rêve plus que
du châle. Elle tombe sur ma belle-fille
Hortense, elle lui en parle avec
exaltation. Hortense la quitte, court
chez Joséphine, sa mère, décrit

la merveille d'Orient. Joséphine,
aussitôt, est dévorée de l'envie
de la posséder. Elle remue ciel et terre,
retrouve le marchand, offre douze,
puis treize mille francs, enfin achète
le châle pour quatorze mille francs.

CAMBACÉRÈS
Faut-il le lui reprocher ?

BONAPARTE
Je ne lui reproche rien. Mais les choses
s'enchaînent. Quelques jours plus tard,
ma sœur Élisa va souper chez ma femme.
À peine entrée, elle voit sa belle-sœur
parée du châle tant désiré. Élisa ne l'avait
jamais vu, ce châle, mais Caroline
lui en avait tant parlé avec des sanglots
dans la voix qu'elle le reconnaît aussitôt.
Le lendemain même, elle n'a rien de plus
pressé que d'apprendre à Caroline

que le châle lui a échappé à jamais.
Caroline devient folle. Elle dit à Murat,
son mari, que Joséphine a acheté le châle
par méchanceté pure et pour lui faire pièce.
Elle se déclare décidée à ne plus lui
adresser la parole.

CAMBACÉRÈS
J'imagine la situation. Elle serait pénible
dans n'importe quelle famille. Mais
dans la vôtre !...

BONAPARTE
Ma mère et la femme de Joseph,
qui est une bonne personne,
vont trouver Joséphine et l'invitent
à abandonner à Caroline le châle
de la discorde. Joséphine répond
que le châle est à elle et qu'elle le gardera.
Le ton monte. Les larmes coulent.
Caroline exige que sa belle-sœur

lui cède le châle au prix coûtant ;
Joséphine soutient qu'elle le brûlerait
plutôt. Ma mère, Murat, mon frère
Joseph, ma sœur Élisa, ma belle-fille
Hortense se jettent dans la bataille.
Les Tuileries se changent en enfer.

CAMBACÉRÈS
Quel parti avez-vous pris ?

BONAPARTE
Lassé de tant de tracas, de larmes,
de bouderies, j'ai décidé que Joséphine
garderait le châle, mais ne le porterait plus,
et j'ai donné à Caroline un collier
de perles fines.

CAMBACÉRÈS
Voilà un jugement digne de Salomon.

BONAPARTE

Il m'a coûté plus de peine
qu'une campagne de quinze jours
ou que la négociation d'un traité de paix
avec l'Autriche ou avec l'Angleterre.

CAMBACÉRÈS

Toutes les familles sont abusives.
Éblouie par votre grandeur qui la jette
aux extrémités, votre famille à vous est
encore plus exigeante que les autres.
Me permettez-vous de vous donner
un conseil ?

BONAPARTE

Faites, faites.

CAMBACÉRÈS

Ne vous laissez pas envahir
par ses revendications.

BONAPARTE

J'ai le cœur sensible comme les autres
hommes. Je suis même assez bon homme
avec ma famille. Mais je m'applique
à répondre à toutes ses plaintes
par un éternel Moi. N'en doutez pas :
je sais que j'ai un destin. Je ne m'en
laisserai pas distraire par des intrigues
ni par des criailleries.

CAMBACÉRÈS

À la bonne heure ! C'est de ce chef-là
que la République a besoin.

BONAPARTE

Je vais vous confier quelque chose
que je n'ai encore dit à personne. Je n'ai
jamais eu de plan arrêté, j'ai toujours été
gouverné par les circonstances ; mais
ces circonstances, j'ai toujours su
en profiter, je les ai toujours dominées,

j'en ai toujours été le maître : il ne m'est
jamais rien arrivé que je n'aie prévu
et voulu et je suis le seul à ne pas être
surpris de ce que j'ai fait dans le passé.
Je devine de même pour l'avenir et
j'arriverai de même là où je me propose
d'aller. Quand mon grand char politique
est lancé, il faut qu'il passe. Malheur
à ceux qui se trouvent sous ses roues !

CAMBACÉRÈS
Et vers quoi va-t-il, votre grand
char qui se confond avec le char
de la République ?

BONAPARTE
C'est de quoi je veux vous entretenir,
mon cher collègue. Pour la première fois
depuis longtemps, le pouvoir en France
est exercé par un homme qui comprend
les besoins des Français et qui se confond

avec ce qu'ils réclament : l'ordre,
la gloire, la paix, le respect de la religion,
la garantie des biens nationaux.
Cet homme, c'est moi. Chacun peut
mesurer ce que j'ai accompli en Italie,
en Orient, en France. Croyez-vous
que ce soit pour faire la grandeur
des bavards et des avocats ? La mort
n'est rien. Mais vivre sans gloire,
c'est mourir tous les jours.
Je vous le déclare, Cambacérès :
je ne puis plus obéir. J'ai goûté
du commandement et je ne saurais
y renoncer.

CAMBACÉRÈS
Trois millions et demi de Français
contre huit mille trois cents vous ont
accordé le consulat à vie et le droit
de choisir librement votre successeur.
En Vendée – en Vendée ! – il y a eu

six *non* contre dix-sept mille *oui*.
Tout le pouvoir est entre vos mains.
Que pouvez-vous espérer de plus ?

BONAPARTE

Je n'oublie pas le rôle que vous avez
joué dans l'adoption du consulat
à vie. Je vous en suis reconnaissant.
Vous êtes un homme précieux.
Mais que se passerait-il si je disparaissais ?

CAMBACÉRÈS

Pourquoi voulez-vous disparaître ?
Vous avez trente-quatre ans.

BONAPARTE

Oui, bien sûr. Le boulet qui
me tuera n'est pas encore fondu.
Mais il y a déjà eu plusieurs attentats
contre moi. Et il y en aura d'autres.
Perpétrés par des jacobins

ou par des royalistes. Il se murmure
qu'Artois entretient soixante assassins
à Paris. Enghien complote dans
le pays de Bade. Et les enragés
de la Terreur n'ont pas désarmé.
Aux yeux de quelques-uns, d'un côté
ou de l'autre, je suis une espèce
de chien que le premier venu peut
assommer impunément. Il y a trois ans,
le soir de Noël, rue Saint-Nicaise,
à deux pas de chez vous, j'ai échappé
de peu à la mort. Si j'avais été tué,
il aurait fallu avoir des couilles
et vous n'êtes pas fort sur vos étriers.
Je vous aime bien, Cambacérès,
mais vous le savez comme moi :
tout repose sur ma personne.
J'ai fondé une ère nouvelle, je dois
l'éterniser. L'éclat n'est rien sans
la durée. Ne pensez-vous pas que
nous devrions sortir d'un régime

où je ne suis que le premier magistrat
d'une République instable et toujours
menacée ?

CAMBACÉRÈS
Dès le début de notre conversation
j'ai compris que le fond de l'affaire,
c'était la fin de la République. Je vois
depuis longtemps, comme vous,
avec évidence, que les choses tendent
à ce but.

BONAPARTE
Je n'en ai jamais douté, mon cher ami :
vous êtes subtil.

CAMBACÉRÈS
Le tout est de savoir si la poire est mûre.
Si elle l'est, hâtez-vous de la cueillir.
La seule question que je me pose
est celle-ci : ne croyez-vous pas

les Français encore attachés au moins
au nom de la République ?

BONAPARTE
Je connais les Français, leur légèreté,
la facilité avec laquelle ils sont capables
de changer d'opinion. La République
est une chimère dont ils sont engoués,
mais qui passera avec tant d'autres.
Je suis persuadé qu'il y a dans la masse
de la nation un retour complet aux formes
de la monarchie.

CAMBACÉRÈS
Le mot fait encore peur.

BONAPARTE
Mais, mon cher collègue, ce ne serait pas
au profit des Bourbons qu'on la rétablirait.

CAMBACÉRÈS

Le ciel nous en préserve! Les Bourbons,
si on les rappelait, rentreraient avec
leurs préjugés, leurs favoris, leurs prêtres.
Et, très vite, presque aussitôt, ils se feraient
haïr à nouveau.

BONAPARTE

Ils ne rêvent pourtant à rien d'autre
qu'au retour. Le prétendant
qui se fait appeler tantôt le comte
de Lille et tantôt Louis XVIII m'a envoyé
une lettre : il m'y supplie de sauver
la France de ses propres fureurs
et de rendre leur roi aux Français
pour que les nations futures puissent
bénir ma mémoire.

CAMBACÉRÈS

Comme s'il vous fallait passer
sous le joug des Bourbons pour être

célébré par ceux qui viendront
après vous !...

BONAPARTE
Je lui ai répondu en cinq lignes
qu'il ne devait pas songer à rentrer
dans ce pays : il lui faudrait
marcher sur cent mille cadavres.
Définitivement, je ne veux pas
du rôle de Monk : je ne veux pas
le jouer et je ne veux pas que d'autres
le jouent. Ni vous ni moi n'avons
intérêt à voir revenir les Bourbons.

CAMBACÉRÈS
Vous surtout, citoyen premier consul.

BONAPARTE
Vous non plus, citoyen second consul.
Vous devriez même avoir plus peur
que moi de leur restauration. Je crois

me rappeler que vous avez voté
la mort du roi…

CAMBACÉRÈS
C'est le premier service que j'ai eu
le bonheur de vous rendre, citoyen
premier consul.

BONAPARTE
Je ne vous reproche rien. Mais enfin,
vous l'avez votée.

CAMBACÉRÈS
Avec réserves ! Avec réserves !

BONAPARTE
Vos réserves ne pèseraient pas lourd
à leurs yeux. Mon pauvre Cambacérès,
je n'y peux rien, votre affaire est claire :
si jamais les Bourbons reviennent,
vous serez pendu.

CAMBACÉRÈS

Qu'ils restent donc où ils sont !
Pour leur enlever tout espoir de retour
— et, si vous y tenez, pour me
tranquilliser personnellement —,
je suis tout prêt à aider au rétablissement
d'une royauté qui ne serait pas la leur.

BONAPARTE

Je vais vous surprendre,
Cambacérès : je ne veux pas
pour moi d'une royauté
que les derniers Bourbons ont
tellement rapetissée qu'elle est
maintenant tout juste à leur taille.
L'autre jour, un courtisan comme
il y en a beaucoup a employé
à mon égard de ces mots
qu'on adresse à un roi. Je lui ai
répondu que j'étais le Premier
consul de la République et que tout

titre féodal était un crime, soit
à donner, soit à prendre.

CAMBACÉRÈS
Mais si vous ne voulez pas être roi,
qu'allons-nous donc devenir ?

BONAPARTE
Je vous entends, Cambacérès :
il ne s'agit plus de sauver les principes,
mais les personnes. L'ère des opinions
a laissé la place à celle des intérêts.
Rassurez-vous : je suis de taille
à défendre les personnes et les intérêts.

CAMBACÉRÈS
Vous l'avez prouvé.

BONAPARTE
Et je le prouverai encore. Mais
je ne me contenterai jamais

de substituer une élite à une autre.
Après l'hérédité monarchique
et le nivellement égalitaire jacobin,
j'ai inventé une troisième voie :
celle du mérite. Après la formule :
« À chacun selon sa naissance
et son rang », après la formule :
« L'égalité ou la mort », ma formule
à moi est : « À chacun selon
ses talents. » Je ne me repens point
de la Révolution, mais j'en déteste
les crimes. Je veux achever la Révolution,
aux deux sens du mot « achever » :
je veux la mener jusqu'au bout
et je veux y mettre fin. J'ai effacé
les souvenirs du 21 janvier, du 10 août,
du 9 thermidor, j'ai interdit
les débauches et les nudités, j'ai rétabli
le dimanche, le carnaval, le jour
de l'an, les dames d'honneur, les livrées,
l'étiquette, les culottes et les bas de soie.

Les Périgord, les Brissac,
les La Rochefoucauld, les Montesquiou,
les Mailly, les Ségur, les Narbonne
sont de mes familiers. Mais Murat,
mon beau-frère, est fils d'aubergiste,
Ney est fils de tonnelier, Augereau
était maçon, Lannes était garçon
d'écuries, Lefebvre était menuisier
– et sa femme était lavandière.
Je veux que tout recommence
sur des bases nouvelles avec moi.
Je veux que tout le monde vive
en paix. Et je ne badine pas :
je veux qu'on s'amuse. Je chasserai
des Tuileries le premier ou la première
qui se permettra de faire une scène
ou seulement d'élever la voix.
Ceux à qui certaines gens déplaisent
et qui les voient ici le soir n'ont
qu'à ne pas y venir. J'ai l'imagination
républicaine et l'instinct monarchique.

Je veux rétablir une monarchie
qui soit républicaine. Et ma République
à moi est romaine, militaire, guerrière,
conquérante. Mon modèle n'est pas
Versailles, mon modèle est Rome.
Et mon modèle n'est pas les Bourbons,
mon modèle est César.

CAMBACÉRÈS
César ! Le nom est lâché. Vous fixez
comme lui un terme à la République.
Et vous refusez comme lui la couronne
royale.

BONAPARTE
Je refuse la couronne royale.
Talleyrand veut me faire roi.
Je ne le veux pas. Je ne refuse pas
toutes les couronnes. Je me suis
habitué aux lauriers que m'ont
tressés les Français après Rivoli,

après Marengo, après chacune
de mes victoires. Ils veulent
le retour à la monarchie ?
S'ils en exprimaient le désir
avec assez de force, je me présenterais
à la France et à l'Europe avec
un titre plus solennel, plus imposant,
plus auguste que celui de roi,
avec un titre nouveau puisqu'il
serait antique : celui de l'Empire
romain, celui de l'empire
d'Occident.

CAMBACÉRÈS
Le titre d'empereur ?

BONAPARTE
Pourquoi pas ? La République serait
confiée à un empereur. Après tout,
monsieur, nous n'avons tous juré haine
qu'à la seule royauté.

CAMBACÉRÈS
C'est vrai : nous n'avons jamais
dit un mot contre l'empire.

BONAPARTE
Ce titre d'empereur ne choquerait
aucune tête républicaine et remplirait
bien la bouche des autres. C'est,
je crois, ce qu'il y aurait de meilleur
à faire reparaître si nous voulons
tenter autre chose que ce que nous avons
maintenant. J'abandonnerais
sans regret la royauté de Hugues Capet
et de ses successeurs, je reconstituerais
l'empire de Charlemagne. Je succéderais
non à Philippe Auguste, à Henri IV,
à Louis XIV, aux Bourbons, mais
à Charlemagne. Je me rattacherais
à l'Empire romain. César élevé
au-dessus des rois, je pourrais me dire
le chef suprême de cette Italie

dont je suis déjà le Président,
j'aurais droit à la suprématie
sur les têtes couronnées
et au protectorat sur l'Allemagne,
je reprendrais les droits attachés
à l'empire d'Occident.

CAMBACÉRÈS

C'est une belle idée. Mais
en adoptant les formes de l'empire
de Charlemagne et de Rome,
que ferez-vous des formes
de la République romaine
dont nous avons déjà le Sénat,
les tribuns, les questeurs, les préfets ?
Je ne vous le cacherai pas,
je vois une difficulté, je ressens
une inquiétude.

BONAPARTE

Une difficulté ? Une inquiétude ?

CAMBACÉRÈS

Le titre d'empereur, tous les Français
vous l'accorderont, j'en suis sûr,
avec le même enthousiasme
que je ressens moi-même.
Mais si vous devenez empereur,
citoyen premier consul,
conserverez-vous les deux autres
consuls, l'un – c'est Lebrun –
chargé des finances et l'autre
– c'est moi – chargé de l'administration
générale ?

BONAPARTE

La vraie difficulté, et, en vérité,
le scandale, c'était l'existence
de trois consuls dont j'étais sans doute
le premier, mais dont je n'étais
que le premier. Le titre de consul,
aujourd'hui, est presque aussi absurde

que l'était hier celui de directeur.
Il disparaîtra.

CAMBACÉRÈS

Ah !... il disparaîtra...

BONAPARTE

Oui, il disparaîtra. Mais pour vous
comme pour moi, la véritable gloire
consiste à se mettre au-dessus
de son état. Dans la paix comme
à la guerre, je me suis toujours
mis au-dessus de mon état. En devenant
empereur, je me mettrai une fois
encore au-dessus de mon état.
En réalisant la prédiction faite jadis
en Martinique par une magicienne
qui lui annonçait qu'elle serait plus
que reine, je mettrai Joséphine
au-dessus de son état. Et vous aussi,
je vous mettrai au-dessus du vôtre.

Je suis un soldat parvenu qui vous fera
parvenir. J'ai tout prévu. Le titre
de prince architrésorier
pour Lebrun et surtout celui de prince
archichancelier de l'Empire pour vous
remplaceront avec éclat les titres
de consul.

CAMBACÉRÈS
Archichancelier ? Talleyrand se moquera
de moi.

BONAPARTE
Personne ne se moquera de vous.
Ni de moi. Les Français trouveront
charmant d'avoir un empereur
chez eux et des princes autour de lui.
Ils en riront peut-être le premier jour,
un peu moins le deuxième et, le troisième,
ils y seront accoutumés. Talleyrand
fera peut-être des mots. Il dira

que l'archichancelier s'archipromène
dans son archicarrosse. Mais,
comme Fouché et les autres, je le ferai
prince ou duc de quelque chose,
avec cent mille francs par an,
et tout sera réglé. Laissez-moi
seulement gagner encore quelques
batailles et je me charge de tout.

CAMBACÉRÈS
Même des jacobins ?

BONAPARTE
Qu'est-ce qui a fait la Révolution ?
C'est la vanité. Qu'est-ce qui
la terminera ? Encore la vanité.
C'est avec des hochets que l'on mène
les hommes. Je ne dirais pas cela
à une tribune. Mais entre vous
et moi, on peut tout dire. Il faut
aux Français, qui ne sont point

changés par dix ans de révolution,
de la gloire, des distinctions,
des récompenses. Les jacobins
recevront des titres de baron
ou de comte et ils iront à la messe
derrière moi. Fouché et Talleyrand
ont donné l'exemple l'année
dernière. Tous suivront,
jusqu'aux plus enragés. Ils sont
encore là douze ou quinze
métaphysiciens bons à jeter à l'eau.
C'est une vermine que j'ai
sur mes habits. Plus d'une fois,
il a fallu fusiller et déporter.
Mais j'ai toujours su me débarrasser
des coupables. Il ne faudrait pas
croire que je me laisserai attaquer
comme Louis XVI. Je suis soldat,
enfant de la Révolution. Sorti du sein
du peuple, je ne souffrirai pas
qu'on m'insulte comme un roi.

CAMBACÉRÈS

Et les royalistes ?

BONAPARTE

Les royalistes, j'en fais mon affaire.
Vous verrez se grouper autour
du nouveau César, du nouveau
Charlemagne, tous les anciens
royalistes, trop heureux de sauver
leurs privilèges et leurs dotations.
Il y aura sans doute des traînards,
des peureux, des honteux. Mais
chacun y viendra tôt ou tard.
Beaucoup n'en sont encore
qu'à l'admiration. De l'admiration
à la soumission il n'y a qu'un pas.
La noblesse se serait contentée
du Directoire ou du Consulat. Jugez
si elle ne sera pas satisfaite d'un empire.
Mais si elle se rebiffe et s'il faut
la frapper, même haut et fort,

eh bien ! elle aussi, je la frapperai.
Entre jacobins et royalistes, je veillerai
toujours avec soin à tenir la balance
égale.

CAMBACÉRÈS
Et l'armée ?

BONAPARTE
Berthier, Murat, Masséna, Soult,
Lannes, Mortier, Ney, Davout
– même Bernadotte dont je
me méfie – et quelques autres
seront faits maréchaux d'empire.
Plusieurs d'entre eux deviendront
princes. Murat – surtout pour
calmer Caroline – montera peut-être
plus haut encore.

CAMBACÉRÈS
Et l'Église ?

BONAPARTE

L'Église préférera toujours un monarque
aux républicains. Elle a raison :
avec les républicains, il faut plaire
à tant de gens et en tromper tant d'autres
que la peine passe le profit ; dans
une monarchie, elle n'a que le chef
à séduire pour devenir le maître.
L'Église ne s'est jamais révoltée que
contre les princes faibles – et je ne serai pas
faible. Le clergé, d'ailleurs, je le paierai
bien et je lui donnerai part aux honneurs
comme je donnerai part aux honneurs
et aux dotations financières à tous ceux
qui voudront me servir – et d'abord
à vous, Cambacérès, qui serez le deuxième
personnage de l'Empire comme vous êtes
déjà le deuxième personnage du Consulat.

CAMBACÉRÈS

Vous avez réponse à tout. Vous êtes

au-dessus des autres hommes.
Dans les temps antiques, vous auriez,
comme Alexandre, été un demi-dieu,
un fils du roi des dieux.

BONAPARTE
Ma carrière est belle, j'en conviens,
j'ai fait un beau chemin. Ma démarche
est pourtant simple : je précède
l'événement, je descends aux détails,
je ne laisse rien dans l'ombre. Vous,
vous vous trompez parfois, Cambacérès,
et vous manquez d'audace. Mais
vous êtes fidèle et vous avez l'esprit
clair. Quand je serai avec mes soldats,
c'est vous qui mènerez les affaires.
Vous réunirez les ministres, vous
présiderez le Sénat et le Conseil d'État
où vous montrerez votre talent
supérieur et votre profonde raison,
et vous serez digne de ma confiance.

CAMBACÉRÈS

Je voudrais en être digne dès à présent.
Le temps presse. Il faut penser à donner
des armoiries à l'Empire et à la famille
impériale. Reprendrez-vous l'écusson
de vos pères qui est d'azur au râteau d'or
accompagné de trois fleurs de lys ?

BONAPARTE

Non, non, point de fleurs de lys,
emblème d'une Maison proscrite
et aussi détesté que le drapeau blanc.
Vous ne connaissez pas le pouvoir
des souvenirs sur les hommes.
Arborez un drapeau blanc fleurdelisé,
et la moitié de la France va croire
au retour inévitable de Louis XVIII
auquel personne ne songe aujourd'hui.
Je ne suis pas le fils de Louis XVI,
ni même de Louis XIV : je commence
une nouvelle dynastie, je fonde

un nouvel empire. Ce n'est pas celui
de Hugues Capet : il ne remonte
qu'à moi et à l'Antiquité. Les choses,
les mots, les images ne sont plus
les mêmes : vos fleurs de lys,
vos drapeaux blancs appartiennent
aux Bourbons, je garde les trois couleurs
avec lesquelles nous les avons chassés.
Rien ne doit me séparer de la France,
point de distinction entre elle et moi.

CAMBACÉRÈS
Alors, choisirez-vous l'ancien coq gaulois ?
On pourrait le représenter debout
sur un drapeau tricolore.

BONAPARTE
Le coq sent la basse-cour. Il n'est pas
assez noble pour incarner une grande
nation. Il faut un emblème de la puissance :
un éléphant, par exemple, ou un lion

couché sur une carte de la France,
une patte en avant sur la ligne du Rhin,
avec pour devise : « Gare à qui
me cherche ! »

CAMBACÉRÈS
Le Rhin ne tracerait-il pas une limite
trop étroite aux ambitions de la France ?

BONAPARTE
Vous avez raison. Ne mettons pas
de bornes à nos rêves ni à notre courage.
Tâchons de trouver mieux.

CAMBACÉRÈS
Que diriez-vous d'abeilles d'or ?
On les voyait déjà dans le tombeau
de Chilpéric.

BONAPARTE
Les abeilles sont une bonne idée.

Elles pourront figurer sur les tentures,
sur les tapis, sur les manteaux de cour.
Mais je suis empereur, je succède
aux Césars, je dois avoir leurs emblèmes.
L'Empire et moi, nous aurons
pour symbole un aigle aux ailes
déployées, armé de la foudre. Il sera d'or
et placé sur un champ de la couleur
la plus noble...

CAMBACÉRÈS
Sur champ de gueules ?...

BONAPARTE
Non. Sur champ d'azur. Ma livrée
sera verte, car la livrée bleue est Bourbon.
Mais les cieux sont à tout le monde :
l'aigle impérial sera posé sur un champ
d'azur, image du ciel où il règne.
L'aigle sera mon emblème, il se confondra
avec moi et le sacre se fera sous son signe.

CAMBACÉRÈS
Reims va retrouver son ancienne
splendeur…

BONAPARTE
Et pourquoi, s'il vous plaît, cette ville
plutôt qu'une autre ?

CAMBACÉRÈS
Mais, général, la tradition…
L'empereur a besoin d'être sacré.
Votre sacre ne peut se faire qu'à…

BONAPARTE
Mon sacre n'aura pas lieu
à Reims. On pourrait choisir
pour cette cérémonie la cathédrale
d'Aix-la-Chapelle ou la basilique
Saint-Pierre de Rome pour mieux
annoncer au monde que je succède
à Charlemagne.

Mais je ne veux pas courir
si loin. Fondateur d'un nouvel
empire, je souhaiterais plutôt
me faire sacrer dans ma capitale
et dans l'antique et imposante
basilique Notre-Dame.

CAMBACÉRÈS
Ce sera une bonne aubaine pour
le cardinal archevêque de Paris,
Mgr de Belloy...

BONAPARTE
Encore une erreur, Cambacérès.
Je n'aurai pas besoin des services
du cardinal de Paris.

CAMBACÉRÈS
Vous n'aurez pas besoin du cardinal
de Paris !... Mais alors à qui reviendra
l'honneur de...

BONAPARTE

J'y ai pensé. Ce ne sera pas trop
d'un pape pour sacrer un empereur.

CAMBACÉRÈS

Ah ! vous irez à Rome !

BONAPARTE

Non, de nouveau. Le souverain pontife
se rendra à Paris.

CAMBACÉRÈS

Quoi ! Pie VII à Paris ! C'est impossible.
Souvenez-vous de la croix du cardinal
Caprara.

BONAPARTE

C'est impossible – mais ce sera.
Impossible n'est pas français.
Le pape viendra de Rome à Paris
pour me sacrer. Il y viendra

et il n'en sera point fâché.
Je pourrais le réduire à n'être
que l'évêque de Rome.
Je le traiterai au contraire
comme s'il avait deux cent mille
hommes. Je l'environnerai
de tant d'hommages, de respect
et d'honneurs qu'il n'hésitera pas
à me proclamer l'élu de Dieu.
Moi, je me charge de la cour,
et malheur à qui se conduirait
d'une manière inconvenante
à l'égard du souverain pontife.

CAMBACÉRÈS
Mais le pape voudra-t-il
venir ?

BONAPARTE
En doutez-vous ? On fera marcher
le Sacré Collège et son chef

jusqu'au bout du monde quand on saura
s'y prendre.

CAMBACÉRÈS
En leur faisant peur ?

BONAPARTE
Non. En parlant à leur intérêt.
En faisant briller à leurs yeux
les richesses de ce monde, qu'ils ont
parfois la faiblesse de préférer
à celles du ciel. Il y aurait
beaucoup à faire pour la religion
et pour le clergé : des forêts et des biens
de toutes sortes à leur rendre,
des places au Sénat, un ministère
spécial à leur usage, des couvents
à rétablir, des églises à reconstruire,
des autels à restaurer, et après cela
des honneurs, de la considération,
du crédit, du pouvoir – mieux encore

peut-être : ma conversion, la vôtre,
celle de Fouché, des jacobins, de
mes généraux, de mes soldats...
Le Saint-Siège est un gouffre d'argent
et d'ambitions qu'on aurait du mal
à combler.

CAMBACÉRÈS
Et pour prix du sacre, qu'aura-t-il
de tout cela ?

BONAPARTE
L'espérance.

CAMBACÉRÈS
Vous êtes l'être le plus extraordinaire
qui ait paru parmi les hommes
depuis la venue du Messie sur cette Terre...

BONAPARTE
Je vous dispense de me comparer

à Dieu. Il m'arrive de douter de moi.
Je dors plus qu'on ne le dit. Je suis
un homme comme les autres.

CAMBACÉRÈS
Comme les autres ?...

BONAPARTE
Avec un esprit plus vaste, une mémoire
plus sûre, une capacité de travail
plus forte. L'imagination gouverne
le monde. Elle est mon bien le plus
précieux. Je ne connais pas plus l'avenir
que vous ou le commun des mortels.
Mais, appuyé sur une réflexion
constante et sur des souvenirs qui sont
nombreux et précis, je le prépare
avec beaucoup de soin. Je suis toujours
tout entier à ce que j'ai à faire.
Mes idées et mes projets, je les prends
par le cou, par le cul, par les pieds,

par la tête, je les examine sous toutes
leurs faces et je ne les abandonne que
quand je les ai épuisés. Du coup,
ce que j'ai arrêté dans ma pensée,
je le regarde comme déjà exécuté
et je suis bien moins ému au moment
de la réalisation de mes desseins
qu'au moment de leur conception.

CAMBACÉRÈS
Vous voilà déjà empereur puisque
vous avez résolu de l'être. Vous voilà
sacré par le pape, acclamé par les Français,
redouté et admiré par l'Europe entière.

BONAPARTE
Je le serai, Cambacérès, n'en doutez point.
Les affaires iront comme je les ai
calculées, événement après événement.
Notre conversation doit rester secrète.
Faites comme si elle n'avait jamais eu

lieu. Mais tout se passera, point par point,
comme je l'ai décidé.

CAMBACÉRÈS

Il n'y a donc jamais d'imprévu
dans ce qui vous arrive ?

BONAPARTE

La politique est la forme moderne
de la tragédie. Elle remplace
sur notre théâtre la fatalité antique.
L'avenir n'est à personne. J'essaie
de le soumettre à ma volonté.
J'ai une étoile avec moi et, tant qu'elle
ne m'abandonnera pas, je suis appelé
à changer la face du monde.

CAMBACÉRÈS

Vous avez déjà changé la France.
Vous la changerez encore.
Et vous changerez l'Europe.

BONAPARTE

Je veux la paix. Mais si on m'impose
la guerre, je la ferai et je gagnerai
bataille sur bataille. Je suis déjà entré
à Milan, à Venise, au Caire. L'Italie
est à moi. L'Espagne, le Portugal,
la Hollande m'obéiront. Le pape sera
mon vassal et je conquerrai la Sicile
et la Dalmatie. Je serai maître de
la Méditerranée. J'entrerai à Vienne,
à Berlin, à Varsovie, à Moscou.
Je débarquerai en Angleterre.

CAMBACÉRÈS

Vos aigles voleront sur l'Europe.
Vous la marquerez de votre empreinte.

BONAPARTE

Mes rêves vont plus loin que l'Europe.
Je retournerai en Orient. Je marcherai
sur Damas et Alep. Je soulèverai la Syrie.

Je chasserai les Anglais du Levant,
je les menacerai dans les Indes,
je renverserai l'Empire turc,
j'entrerai dans Constantinople et,
avant de revenir en France par
Andrinople ou par Vienne,
j'anéantirai la Maison d'Autriche
et je fonderai en Orient un nouvel
et grand empire qui fixera ma place
dans la postérité.

CAMBACÉRÈS
Vous êtes un grand enchanteur.
Vous êtes un ensorceleur. Vous êtes
capable de vaincre non seulement
par votre génie militaire, mais
par la puissance de vos mots.
Je vous écoute : un vertige me prend.
Vous êtes le romancier de votre
propre vie. Vous êtes au-dessus
de tous les héros de l'histoire.

BONAPARTE

J'aime la grandeur. Je ne donne rien
au hasard. Ce que je dis, je le fais toujours,
ou je meurs. Je sais parler aux hommes.

CAMBACÉRÈS

J'étais partisan d'un gouvernement
d'assemblée, vous m'avez converti
au gouvernement personnel.
J'étais attaché à la République,
vous m'avez rallié à l'Empire.
Voilà que, par l'effet de votre parole,
la France qui me paraissait
si grande me semble toute petite
au regard de l'Europe et l'Europe
insignifiante au regard d'un monde
dominé par votre génie. Vous êtes
un alchimiste. Vous êtes un magicien.
Le plomb de nos fluctuations
et de nos incertitudes, vous le changez
en or pur.

BONAPARTE

On ne saurait mieux dire.
Je vous félicite, Cambacérès.
Vous comprenez vite. L'or coulera
à flots sur mes rêves et sur ceux
qui serviront la France à travers
ma personne.

CAMBACÉRÈS

Sur les ruines de la monarchie
et de la République, je vois s'élever
un système nouveau. Je salue
en vous l'Empereur des Français.

BONAPARTE

C'est la première fois que ce titre
m'est donné. Je l'accepte.
Je suis heureux qu'il me vienne
de vous, Jean-Jacques Régis
de Cambacérès. Je reconnais
en vous mon cousin, le prince

archichancelier de l'Empire,
Altesse Sérénissime, futur
duc de Parme.

CAMBACÉRÈS
(*S'inclinant.*) Sire, permettez-moi
de déposer aux pieds de Votre Majesté
Impériale l'hommage de ma gratitude
et de mon admiration.

Du même auteur (suite)

Aux Éditions Robert Laffont

Voyez comme on danse, 2001.
Et toi mon cœur pourquoi bats-tu, 2003.
Une fête en larmes, 2005.
La Création du monde, 2006.
La vie ne suffit pas, Bouquins, 2007.
Qu'ai-je donc fait, 2008.
Discours de réception de Simone Veil à l'Académie française et réponse de Jean d'Ormesson, 2010.
C'est une chose étrange à la fin que le monde, 2010.

Aux Éditions J.-C. Lattès

Mon dernier rêve sera pour vous,
biographie sentimentale de Chateaubriand, 1982.
Jean qui grogne et Jean qui rit, 1984.
Le Vent du soir, 1985.
Tous les hommes en sont fous, 1986.
Le Bonheur à San Miniato, 1987.

Aux Éditions Nil

Une autre histoire de la littérature française (t. 1), 1997.
Une autre histoire de la littérature française (t. 2), 1998.

Aux Éditions Julliard

L'amour est un plaisir, 1956, épuisé.
Les Illusions de la mer, 1968, épuisé.

Aux Éditions Grasset

Tant que vous penserez à moi,
entretiens avec Emmanuel Berl, 1992.

Aux Éditions Héloïse d'Ormesson

Odeur du temps, 2007.
L'enfant qui attendait un train, 2009.
Saveur du temps, 2009.

Achevé
d'imprimer
sur Roto-Page
par l'Imprimerie Floch
à Mayenne,
en octobre 2011.

Dépôt légal :
septembre 2011.

Numéro
d'imprimeur :
80868

Imprimé
en France.